LE PRINCIPE

DE

NON-INTERVENTION

PARIS

IMPRIMERIE DE L. TINTERLIN ET Cᵉ

RUE NEUVE-DES-BONS-ENFANTS, 3,

LE PRINCIPE

DE

NON-INTERVENTION

PARIS

E. DENTU, LIBRAIRE-ÉDITEUR

PALAIS-ROYAL, 13, GALERIE D'ORLÉANS

1860

J'avais écrit les quelques lignes qui suivent, il y a quatre semaines ; certaines considérations en ont arrêté la publication jusqu'aujourd'hui. Depuis que ces empêchements ont cessé d'exister, je m'empresse de soumettre ce projet à l'appréciation de mes lecteurs. Je ne change rien à la rédaction, bien que les journaux anglais que je cite au début de cet article aient cessé de parler d'une nouvelle dont ils avaient été parfaitement bien informés. Quant à mon opinion, celle-ci reste la même, et les événements qui se déroulent en Orient, ainsi que le rapprochement de la Russie et de l'Autriche, n'ont fait que m'y confirmer, de même que la correspondance de Bucharest, publiée hier matin par le *Constitutionnel*, n'altère en rien mon jugement.

L'AUTEUR.

Paris, 15 septembre 1860.

LE PRINCIPE

DE

NON-INTERVENTION

Nous apprenons depuis quelque temps et de diverses sources, qu'un corps de 30,000 Russes vient d'être rassemblé en Bessarabie, et que de nombreuses troupes, en marche vers le Pruth, vont porter l'armée placée sous les ordres du général Luders à un total de 75 à 80,000 hommes. De tout temps chaque mouvement des troupes russes vers la mer Noire et les frontières de la Turquie a vivement occupé l'attention publique; mais aujourd'hui, plus que jamais, on a le droit de s'en émouvoir. Plusieurs journaux, et notamment ceux de Londres, affirment que la Russie, regardant une intervention dans la Turquie d'Europe comme indispensable pour la sécurité de ses populations chrétiennes, veut se charger de cette mission et que les troupes qu'elle assemble en Bessarabie sont destinées à l'effectuer.

La politique traditionnelle de la Russie vis-à-vis de l'Empire ottoman, est suffisamment connue, la manière dont elle s'y prend est dévoilée ; précipitée ou lente suivant le besoin, la Russie procède, pour la plupart du temps, avec une méthode qui fait honneur à sa sagacité et à sa patience.

Scythe d'origine, de caractère et de tendances politiques, n'ayant de commun avec les Slaves que la ressemblance de l'idiome importé de leurs provinces ruthéniennes par les princes varègues, fondateurs de l'empire moscovite, d'abord officiel, puis imposé aux indigènes à mesure qu'ils acceptaient le baptême, la Russie n'hésite pas en mettre en jeu la question des nationalités, comme si, plus qu'une autre puissance de la terre, elle ne se jouait pas toujours des sentiments les plus nobles des peuples et de leurs aspirations vers l'indépendance. Ce n'est pas tout, car nous la voyons s'ériger en protectrice de la religion grecque, elle qui, après s'être séparée du patriarchat de Constantinople, a dépouillé son clergé de toute ombre d'indépendance en plaçant à la tête de son Église le chef de l'État qui, dans un pays privé depuis un temps immémorial de tout appui civilisateur, est, sans contredit, la personnification d'un despotisme bien plus absolu que celui du Sultan turc ou du Sofi de Perse. Cette protection et ce respect accordés aux nationalités et aux chrétiens de la Turquie, étonneraient les esprits et donneraient le change à l'opinion publique, si, par bonheur, l'hydre du panslavisme qui, issu du sein de la Russie, tend à attirer les divers peuples slaves par l'appât de la fraternité pour les absorber sous la prédominance moscovite et l'intolérance envers les Grecs unis de l'Empire, choses plus récentes que le partage de la Pologne, qu'on prend à tâche d'oublier, n'étaient là pour éclairer et détromper les plus crédules. La Sainte-Alliance n'a nullement mis l'Autriche à l'abri des menées de la Russie, mais son action y est occulte et moins directe ; elle se borne à un encouragement assidûment octroyé à l'étude des antiquités slaves, et parfois, selon que les rapports des cabinets sont plus ou moins tendus, nous voyons la presse russe s'évertuer à mettre en lumière les défauts de l'administration autrichienne, et à relever les sujets de plainte qui ne manquent pas à des populations placées sous un arbitraire commun, et, à dire vrai, onéreux. Personne ne songe à intervenir en Autriche, ni à se mêler de ses affaires ; elle est d'ailleurs assez habile et assez forte pour voir ce qui se passe chez elle, pour remédier au mal qui la ronge et parer aux dangers qui la menacent, si elle veut bien se donner la peine de les reconnaître. C'est la Turquie, renfermant cette question tant débattue, qui attire les regards et doit être, pour toute la société européenne, l'objet de la plus grave et de la plus sérieuse préoccupation.

Futur point de litige et champ de bataille où sont appelés à se débattre, dans un avenir prochain, les plus grands intérêts, le *to be or not to be* du progrès,

de la justice et de la civilisation, les provinces de la
Turquie d'Europe, et principalement celles habitées
par les braves et vaillantes populations slaves, sont,
depuis longtemps, minées et exploitées sans aucune
retenue par la propagande moscovito-panslaviste.
Se mêlant ouvertement des affaires de la Turquie, y
appelant l'attention générale avec les apparences
d'un dévouement héroïque et désintéressé, la Russie
travaille à ses intérêts avec une activité infatigable,
mais sourde, dans la Serbie, la Bulgarie, la Bosnie
et le Monténégro ; les populations de ces pays, op-
primées par les exactions des employés turcs et du
clergé byzantin, peu éclairées sur leur passé, ne sa-
chant juger le présent, ni se tracer une ligne de
conduite saine et juste pour l'avenir, privées d'un
protectorat visible et palpable, éblouies par la gran-
deur de la Russie qu'elles ne connaissent pas, illu-
sionnées par des traités récents, prêtent une attention naïve et pardonnable à ses agents, se laissent
tromper par la ressemblance de leur idiome, allécher
par leurs promesses et les générosités qu'ils répan-
dent dans les églises et les monastères ; l'incurie, la
vénalité des autorités turques viennent admirable-
ment servir les menées des missionnaires moscovites ;
c'est la répétition et la suite des leurres répandus
par la Russie chez les Grecs durant le dernier siècle
et depuis le commencement du nôtre ; n'était la patience des habitants, le patriotisme éclairé et sage

d'un grand nombre de leurs concitoyens, nous aurions déjà assisté à des événements qui auraient infailliblement abouti à une extension prodigieuse de la Russie, et des nouveaux milliers de ces Slaves dont les ancêtres ne se sont jamais souillés par aucune guerre d'agression ou de conquête anti-nationale, seraient condamnés à marcher à l'asservissement des nations étrangères et à défendre et seconder une politique qui n'a rien de commun avec leurs intérêts et leurs principes traditionnels.

La France l'a compris, et son auguste souverain a, par la paix de 1856, soustrait les provinces de la Turquie au protectorat fallacieux de la Russie et l'a remplacé par des garanties solides ; par la Restauration des Principautés roumaines, l'Empereur a indiqué aux populations danubiennes le moyen de sauvegarder leur indépendance et leur dignité, et en avançant les frontières de la Valachie jusqu'aux bouches du Danube, il a élevé un rempart que les armées du czar ne sauraient franchir impunément. Cela n'empêche pas la Russie de continuer ses missions comme par le passé, ses agents parcourent la Serbie, la Bulgarie, la Bosnie ; l'un d'eux a dernièrement fondé aux frais de son pays un journal en langue bulgare à Constantinople, et nous voyons aujourd'hui les troupes moscovites prêtes à intervenir en Turquie.

Nous ne reprochons nullement à la Russie de

travailler à ses intérêts avec un zèle aussi louable que persévérant et sagace ; mais si rien que sa propagande est déjà un danger pour l'avenir des Provinces danubiennes et peut présager en Orient un remaniement territorial peu favorable pour le repos de l'Europe, on a toute raison de croire que le séjour d'une armée russe sur un terrain exploité de longue main pourrait se prolonger au delà de nos vœux, ou qu'une sommation de les retirer serait suivie d'un refus, lequel amènerait un cataclysme épouvantable et tous les malheurs d'une guerre acharnée et sanglante. Les propositions que l'Europe ferait alors, ayant le couteau à la gorge, seraient tardives et ne pourraient pacifier, tandis que des réflexions faites aujourd'hui, qu'il est encore temps, peuvent prévenir un mal autrement inévitable ; et si nous n'avons ni le droit ni la prétention de reprocher à la Russie son activité, qu'il nous soit permis de pourvoir à notre propre tranquillité.

La nécessité d'une intervention dans la Turquie d'Europe est encore dans la sphère des éventualités ; mais supposons qu'après mûr examen, le devoir impérieux de prévenir des massacres, de réprimer l'explosion du fanatisme musulman, la rende réelle, et qu'effectivement la présence de troupes chrétiennes devienne indispensable, nous ne pouvons concevoir pourquoi et comment ce rôle pourrait ou devrait être dévolu aux cohortes russes plutôt qu'à d'autres armées européennes.

La dernière guerre d'Orient avait pour objet d'éloigner la Russie d'une ingérence quelconque dans les affaires de la Turquie ; ce but a été atteint, et après avoir garanti l'intégrité de l'Empire ottoman, après s'être prononcé sur les bases d'une protection collective à accorder en cas de nécessité à ses populations chrétiennes, et après avoir décrit les limites matérielles et politiques de la Russie de ce côté, le congrès de Paris a assuré aux Principautés roumaines une autonomie inviolable, qui leur permet de développer d'une manière tout à fait indépendante leurs institutions et leurs lois nationales, gérer leurs finances et organiser leurs armées ; de plus, il les a remis en possession de la Bessarabie, entre la Mer Noire et les Bouches du Danube. C'est aujourd'hui surtout, depuis que les événements semblent présager un nouvel épisode dans la question d'Orient, que la portée de cet arrangement si sage et si bien combiné, se présente à l'esprit dans toute sa gravité et son importance ; mais s'il a coûté tant de sacrifices en hommes et en argent, le fruit de ces efforts serait condamné à périr aussitôt qu'un seul escadron de cosaques camperait sur la rive droite du Danube, et, tout en reconnaissant que l'empereur Alexandre II serait bien aise de détourner l'attention de ses sujets des dangers qui menacent l'intérieur de l'Empire, par une expédition panslaviste si populaire en Russie,

nous ne voyons nullement pourquoi, en y acquies-
çant, on devrait voir se reproduire des abus qu'on
a mis tant de soins à réprimer.

De plus, les limites géographiques, l'autonomie et
l'inviolabilité des Principautés roumaines séparant
la Russie de la Turquie et lui fermant l'accès du
Danube, nous ne pouvons concevoir, tout en consta-
tant l'envie qu'elle en aurait, comment une armée
russe pourrait marcher en Bulgarie ou en Bosnie
sans causer une conflagration qui, en présence d'intérêts si intimement engagés, ne pourrait, au pis
aller, même pas se localiser.

A ces considérations vient s'en joindre une dernière non moins grave que les précédentes ; savoir,
le principe si salutaire de la non-intervention, qui,
hautement proclamé par l'Occident, a le grand
avantage, en écartant les rivalités des puissances, de
faciliter et d'accélérer les choses, et demande à être
sincèrement appliqué.

L'intervention de la Russie étant donc, d'après
l'esprit du congrès de Paris, tout à fait impossible,
celle des autres puissances pouvant être précédée
des méfiances, des lenteurs et des tergiversations
habituelles de la diplomatie, qui lui ôteraient toute
spontanéité et la retarderaient en présence d'un cas
urgent, et ce dernier étant à prévoir, le rôle de pa-
cificatrice doit être dévolu, et la tâche de concilier
les partis turcs et slaves doit incomber à une armée

qui, étrangère par son origine et son idiome aux Bulgares, aux Serbes, aux Bosniaques, ne serait pas portée à les fomenter, puisque, dépositaire de la confiance générale, elle jouerait dans ce cas l'avenir et l'autonomie que le congrès de Paris a rendus à sa Patrie.

Or, ces conditions essentielles, les Principautés roumaines seules y répondent, et il semblerait que la Providence, en plaçant une nation latine à l'Orient de l'Europe, l'ait destinée à cette œuvre conciliante.

De cette manière, un récent traité, conclu à la gloire des puissances occidentales, ne sera pas ébranlé; l'esprit qui y a présidé sera strictement observé, et d'ailleurs, les Principautés roumaines étant placées sous la suzeraineté du Sultan, le principe de non-intervention recevant une application pratique, on sortira enfin de ce labyrinthe de contradictions et de ce cercle vicieux, en réprimant les jalousies qui, jusqu'aujourd'hui, ont entravé les meilleures intentions et les projets les plus salutaires.

Une armée de douze mille hommes qui serait, en cas d'urgence, destinée à occuper les points les plus menacés et à en imposer au fanatisme musulman, ne dégarnirait pas les Principautés roumaines; et puisque le Traité de Paris les a rappelées à la vitalité, on commettrait une inconséquence flagrante en les condamnant à une inaction passive et stérile. Tôt

ou tard elles devront en sortir ; et, bien que, dans
dans le cas présent, la première expédition de leurs
soldats soit purement défensive, la mission qu'ils
auront remplie étant noble et généreuse, de retour
dans leurs foyers, ils communiqueront à leurs concitoyens les sentiments dont elle les aura inspirées ;
et une population de cinq millions d'âmes qui, gou-
vernée par un prince noble et sage, prouve par ses
progrès et par l'application aux études de sa brave
jeunesse, qu'elle sait bien employer sa liberté, voyant
que son existence est prise au sérieux, sera à jamais
gagnée à l'Europe civilisée par les liens de la re-
connaissance, des vues identiques et des intérêts.

FIN.